… und der
das bin …

Ein braver, fröhlicher Junge

Immer habe ich irgendwo ein Pflaster.

Meine blaue Latzhose brauche ich dringend, damit ich wichtigen Krimskrams einstecken kann.

Meine Tennisschuhe machen mich zwar nicht gerade größer, aber sie sind unheimlich bequem.

CIP-Titelaufnahme der Deutschen Bibliothek

Inkiow, Dimiter:
Meine Schwester Klara / Dimiter Inkiow. – München : F. Schneider.

Bd. 4. ... und der Haifisch. – 1989
ISBN 3-505-04110-6

BENJAMIN®

8000 München 40 · Frankfurter Ring 150

Umschlagkonzeption: Heinz Kraxenberger, München
Titelbild und Illustrationen: Fritz Goller
Herstellung: Brigitte Matschl
Satz: TypoBach, München
Druck: Staudigl-Druck, Donauwörth
ISBN: 3 505 04110 6

Von „Meine Schwester Klara und der Haifisch" ist auch eine erweiterte Ausgabe in Großdruck lieferbar.

Dieses Schneider Buch gehört
Geschenkt von

Dimiter Inkiow

MEINE SCHWESTER KLARA

und der Haifisch

ILLUSTRIERT VON FRITZ GOLLER

Schneider-Buch

Inhalt

Da sind wir wieder: Ich und meine Schwester Klara. Und ich habe wieder einige tolle Geschichten zu erzählen, die uns diesen Sommer passierten. Womit soll ich beginnen?

Jetzt weiß ich schon!

Ich beginne mit der Angelsuche.

2 4110-1

Die Angelsuche

Eines Tages sagte Papa, wir fahren dieses Jahr im Urlaub nach Florida. Zu unserem Onkel Uwe. Onkel Uwe hat uns eingeladen. Er wohnt schon lange in Amerika, in einem großen Haus am Ozean. Mensch, haben wir uns gefreut, meine Schwester Klara und ich!
„Uhhuuu!" riefen wir und hüpften vor Freude.
Klara hüpfte auf ihrem linken Bein. Und ich auf dem rechten. Papa erzählte uns noch, daß es in Florida sehr warm ist. Dort gibt's Kokosnußpalmen und auch Affen und Krokodile. Und der Ozean ist voller Haifische.

FLORI
DA

„Einen Haifisch", sagte meine Schwester Klara, „werden wir unbedingt fangen!"
„Gut! Aber womit?"
„Mit Papas Angel."
Das war eine tolle Idee.
Wir haben danach tagelang Pläne gemacht, wie wir den Haifisch fangen könnten. Wir wußten nur nicht, wie wir ihn nach Hause bringen sollten. Aber Klara meinte, das ließe sich schon machen.
Eines Tages war es soweit. Papa sagte, daß wir morgen losfliegen würden. Danach begann er, zusammen mit Mama, die Koffer zu packen. Ich und meine Schwester Klara konnten vor lauter Auf-

regung die ganze Nacht nicht schlafen. Wir stellten uns das große Flugzeug vor, mit dem wir fliegen würden, die Kokosnußpalmen, die Affen und die Krokodile. Und natürlich auch den Haifisch, den wir fangen wollten.
Am Morgen packten Papa und Mama die letzten Sachen.

Und Papa schaute sehr oft aufgeregt auf die Uhr und meinte, wir müßten bald fahren, wir müßten zwei Stunden vor dem Abflug am Flughafen sein.
Er schleppte die Koffer zur Tür, als Klara plötzlich zu mir kam und fragte: „Hast du die Angel schon eingepackt?"
„Welche Angel?"
„Papas Angel!!!"
„Warum? Möchtest du sie mitnehmen?"
„Mensch, bist du blöd!" rief sie. „Wollen wir einen Haifisch fangen oder nicht?"
„Doch, doch!"
„Und womit wollen wir ihn fangen,

wenn wir keine Angel haben?"
„Ich werde Papas Angel sofort
suchen!" rief ich.
„Schnell! Ich glaube, sie ist im Keller!"
sagte Klara.
Wir nahmen sofort den Keller-
schlüssel und liefen beide in den
Keller. „Wo geht ihr beide denn
jetzt noch hin?" rief Mama hinter uns
her. „Kommt sofort zurück!
Wir müssen bald abfahren.
Ich habe das Taxi schon bestellt!"
Ich und meine Schwester Klara
taten so, als ob wir sie gar nicht
hörten.
Schnell, schnell!
Leider war der Keller voll mit alten
Sachen. Und so schnell war die

Angel zwischen dem ganzen Gerümpel nicht zu finden. Die mußte hier aber irgendwo sein. Oder lag sie vielleicht oben in der Wohnung unter dem Bett?
„Klara!" rief ich. „Suche hier weiter. Ich werde schnell oben nachschauen. Vielleicht liegt die Angel unter dem Bett!"
„Gute Idee!" nickte Klara.
Ich lief sofort die Treppe nach oben. Da sah ich den Aufzug nach unten fahren.
Oben war die Wohnung schon zu. Nur gut, daß ich meinen Wohnungsschlüssel immer an einer Schnur um den Hals hängen habe. Ich sperrte auf und krabbelte

3 4110-1

unter das Bett im Kinderzimmer.
Leider lagen dort viele andere Sachen, aber nicht Papas Angel.
Jetzt mußte ich unter den Betten im Schlafzimmer suchen.
Ich war gerade schwer mit der Suche beschäftigt, als Papa in die Wohnung gestürmt kam.
„Kinder, seid ihr beide hier?" rief er und lief von Zimmer zu Zimmer.
„Nur ich bin hier!" antwortete ich und krabbelte unter dem Bett hervor.
„Wir verpassen das Flugzeug!" donnerte er. „Und er versteckt sich unter dem Bett! Ich könnte in die Luft gehen!"
„Ich verstecke mich nicht!
Ich suche nur deine Angel", erklärte

ich. „Wir müssen sie unbedingt mitnehmen, weil Klara und ich beschlossen haben, dort einen Haifisch zu fangen!"

„Wiiie bitte?" Papa traute seinen Ohren nicht.
„Ich suche deine Angel!"

„Und wo ist Klara?"
Sie sucht deine Angel im Keller . . ."
„Aber ich habe sie doch gestern abend schon in den großen Koffer gepackt. Warum fragt ihr nicht?" sagte Papa.
Als ich das hörte, lief ich sofort die Treppe hinunter. „Klara, schnell!" rief ich und klopfte an die Kellertür. „Sonst verpassen wir das Flugzeug. Um die Angel mach dir keine Sorgen. Papa hat sie schon eingepackt."
Als Klara das hörte, kam sie sofort angelaufen.
„Jetzt", sagte sie, „müssen sich die Haifische große Sorgen machen!"

FLORI
USA
FLY GOLLAIR

Hast du einen Onkel? Wir haben zwei. Es ist toll, einen Onkel zu haben. Zwei zu haben ist noch toller.
Jetzt kommt eine Geschichte, die mit meinem amerikanischen Onkel zu tun hat. Genauer gesagt, mit seiner Hose.

Onkel Uwes Riesenhose

Mein amerikanischer Onkel Uwe ist sicher der dickste Mensch der Welt. Wenn er in sein Auto steigt, neigt sich der ganze Wagen auf seine Seite. Klara meint, Onkel Uwe wiegt sicher zweihundert Kilo.

„Nein!" sagte ich. „Er wiegt sicher dreihundert."

„Das glaube ich nicht!" sagte sie.

„Doch, Klara, doch!"

„Sollen wir ihn fragen?"

„Gute Idee!"

Wir fingen sofort an, Onkel Uwe im Haus zu suchen. Leider konnten wir ihn nicht finden. Er war weggefahren. Wir haben nur eine Hose von ihm gefunden. Die war so riesengroß, daß Klara meinte: „Mensch, vielleicht wiegt er wirklich dreihundert Kilo. So eine große Hose habe ich in meinem Leben noch nicht gesehen."

Wir überlegten, was wir mit dieser riesengroßen Hose anstellen könnten. Dann rief meine Schwester Klara: „Ich weiß, ich weiß!" und schlüpfte ins rechte Hosenbein.

Ich schlüpfte sofort in das linke. Als wir die Hose hochgezogen hatten, reichte sie uns bis an die Nase.

Jetzt begannen wir gleichzeitig zu hüpfen: eins-zwei, eins-zwei! Mensch, war das lustig!

„Schade", rief Klara, „daß Onkel Uwe nicht nach Deutschland kommt! Wenn ich in der Schule erzähle, wie dick er ist, wird es mir keiner glauben."

„Aber wenn wir eine Hose von ihm mitnehmen, Klara, dann müssen uns alle glauben!"

Mama faßte sich an den Kopf, als sie uns in Onkel Uwes Hose hüpfen sah. Eins-zwei, eins-zwei . . .

„Schnell, raus aus der Hose. Gut, daß Onkel Uwe euch nicht gesehen hat", sagte sie ärgerlich.

„Warum?" riefen wir beide wie aus einem Munde.

Mama fragte fassungslos: „Ihr fragt noch, warum?"

4 4110-1

„Ja!" nickten wir eifrig. „Warum?"
„Onkel Uwe nimmt Schlankheitspillen. Der arme Mann macht jeden Tag Gymnastik, um abzunehmen. Stellt euch vor, er kommt

jetzt rein und sieht euch in seiner Hose hüpfen. Er würde sicher einen Schlag kriegen. Meint ihr das nicht auch?"

„Nein!" sagte ich.

Und Klara erklärte: „Er müßte jeden Morgen einen Schlag kriegen, wenn er in seine Hose schlüpft."

Es ist nicht leicht, einen Haifisch zu fangen, sage ich dir. Aber wenn du es mal versuchen willst, dann solltest du deine Mütze zu Hause lassen.
Warum?
Das erfährst du jetzt.

Die Mützen

Wenn du einmal nach Florida fährst, dann mußt du dir unbedingt eine Mütze mit einem großen Sonnenschirm kaufen, weil dort die Sonne unheimlich stark scheint.
Papa und Mama haben uns sofort zwei wunderschöne Mützen gekauft - eine rote für Klara und eine gelbe für mich.
Wir haben uns riesig gefreut. Und Klara sagte, es seien die schönsten Mützen von der ganzen Welt.
Die Mützen kann man nur auf dem Flughafen kaufen. Auf jeder Mütze stand geschrieben: „Kiss me", was auf deutsch „Küß mich" heißt.

Warum, weiß ich nicht, aber ich fand es sehr lustig.
Klara sagte, es ist gut so. Wenn die Leute sich küssen, dann schlagen sie sich nicht.

Diese schönen Mützen haben wir leider nicht mehr, und schuld daran ist Papas Angel. Es war so:

Eines Tages fragte ich meine Schwester Klara: „Klara, wann werden wir endlich unseren Haifisch fangen?"

Klara sagte: „Morgen früh!"

Das konnte ich nicht verstehen. Warum erst morgen?

Ich rief laut: „Morgen, morgen, nur nicht heute, sagen alle faulen Leute!"

Klara fragte empört: „Was sagst du da?"

„Morgen, morgen, nur nicht heute, sagen alle faulen Leute!"

„Sag das nicht noch einmal!"

„Doch, ich werde es sagen, weil ich nicht verstehe, warum wir nicht heute unseren Haifisch fangen!"
„Weil die Haifische tagsüber tief im Meer schwimmen, du blöder Heini. Nur morgens kommen sie ans Ufer, um zu frühstücken!"
„Stimmt das?" Ich war mir nicht ganz sicher.
„Aber klar! Darum werden wir morgen sehr früh aufstehen. Wir müssen uns heimlich aus dem Haus schleichen, damit es niemand merkt."
„Warum heimlich?"
„Ach du liebes bißchen. Er fragt noch, warum heimlich. Glaubst du,

Papa und Mama werden uns erlauben, einen Haifisch zu fangen?"
„Du hast recht! Sie erlauben es uns nie."
„Ich habe Papas Angel unter meinem Bett versteckt", erklärte Klara.
„Wir müssen nur aufpassen, daß wir morgen früh um fünf Uhr aufstehen!"
Das fand ich toll.
An diesem Tag gingen wir beide ganz früh ins Bett, was Papa und Mama sehr wunderte.
Papa fragte besorgt: „Fühlt ihr euch nicht wohl?"
„Doch. Wir sind nur ein bißchen müde."

5 4110-1

„Das kommt von der vielen Sonne ...", meinte Mama.

Keiner ahnte, was wir für tolle Pläne hatten: einen Haifisch zu fangen, der morgen früh vor Onkel Uwes Haus zum Frühstücken ans Ufer kommt. Ich habe mir vorgestellt, wie wir den gefangenen Haifisch feierlich nach Hause bringen

und wie uns alle bewundern.
Irgendwann bin ich von einem Rippenstoß wach geworden, den Klara mir gab.
Oiiii!
„Schnell!" flüsterte sie. „Aufwachen! Es ist schon spät!"
„Laß mich noch ein bißchen schlafen!"
„Wirst du jetzt aufwachen oder nicht?"
„Ich möchte noch ein bißchen schlafen . . ."
„Dann muß ich meinen Haifisch allein fangen!"
Als ich das hörte, wurde ich sofort wach.
„Klaraaa! Warte, warte!"

„Ich habe keine Zeit zu warten!"
„Ich komme aber mit!"
Ich sprang sofort aus dem Bett,
weil ich den großen Haifischfang
nicht verpassen wollte.
„Klaaaraaa! Warte! Warte."
„Jetzt sei aber endlich leise.
Möchtest du, daß das ganze Haus
aufwacht?"

Wir zogen uns ganz schnell an, setzten unsere schönen Mützen auf und schlichen uns mucksmäuschenstill aus dem Haus. Mit Papas Angel in Klaras Hand. Wir gingen dann auf den Steg am Meerufer vor Onkel Uwes Haus.
Erst da merkten wir, daß wir keinen Köder hatten.
Was für ein Pech!
Was sollten wir tun?
Klara schlug vor, wir sollten sofort nach Würmern graben. Ein dicker großer Regenwurm würde jedem Fisch gut schmecken.
„Wo finden wir aber Regenwürmer?"
„Im Garten, im Blumenbeet!"

Wir fanden einen Spaten und begannen sofort im Blumenbeet zu suchen. Hier ein Wurm, dort ein Wurm. Als wir das ganze Blumenbeet umgegraben hatten, hatten wir drei große Regenwürmer gefangen.
Hurra! Endlich!

Jetzt konnte es losgehen.
Klara hat den größten Regenwurm als Köder auf den Angelhaken gesteckt. Sie hob ihren Finger und sagte: „Bei so einem großen Regenwurm wird jedem Haifisch das Wasser im Mund zusammenlaufen."
Dann sind wir zum Steg gelaufen.
„Klara!" rief ich. „Du mußt die Angel ganz weit ins Meer werfen.
Dort sind die größten Fische."
„Ich weiß!"
„Kannst du das?"
„Klar. Ich habe es bei Papa gesehen.
Es ist kinderleicht. Man macht nur so . . ."
Sie machte es - und was passierte?

Etwas zog mich plötzlich an der Hose.
Es war der Angelhaken mit dem Wurm. Er hakte fest an meinem Hosenbein. Anstatt einen Fisch hatte meine Schwester Klara mich gefangen.
„Auuuu! Du tust mir weh!"
„Warum?"
„Siehst du das denn nicht? Du hast mich an deiner Angel!"
„Ach du liebes bißchen! Das kommt davon, wenn du so blöd hinter mir hockst. Du sollst doch neben mir stehen."
„Hilf mir, daß ich den Haken aus meiner Hose kriege."
„Gut. Warte!"

ISSME

Klara legte die Angel auf den Steg und begann, mir zu helfen. Das war aber gar nicht leicht. Der blöde Haken war wie verhext. Am Ende mußte ich meine Hose ausziehen, was mich sehr ärgerte. So ein blöder Haken!

Als wir endlich meine Hose von ihm befreit hatten, war von dem großen Wurm, unserem Köder, nicht mehr viel übriggeblieben.

Wir brauchten einen neuen Köder.

„Jetzt darfst du aber nicht mehr dort stehen. Komm hierher!" meinte Klara.

„Gut, ich stell' mich dahin, wo du sagst!" nickte ich. „Aber wirf jetzt die Angel ganz weit, so daß wir

wirklich einen großen Fisch
fangen!"
„Das mache ich", meinte Klara
und versuchte mit Schwung einen
neuen Wurf. Ssss! machte die
Nylonschur.
Und was passierte jetzt?
Ich sah etwas Gelbes ins Meer
fliegen: meine Mütze!

Diesmal hatte Klara meine schöne Mütze am Haken! Sie fiel weit weg von uns ins Wasser.
„Klaraaa! Meine Mütze!" rief ich entsetzt. „Meine Mütze!"
„Weil du wieder falsch stehst!"
„Ich stehe überhaupt nicht falsch! Du kannst nur keine Angel werfen. Das ist alles!" rief ich.
Papa kam zu uns auf den Steg gelaufen. „Was ist denn hier los?"
„Meine Mütze ist ins Wasser gefallen!" weinte ich.
„Wie ist denn das passiert?"
Ich wollte Papa zeigen, wie die ganze Sache passiert ist, und nahm Klara die Angel aus der Hand.

„Die ganze Sache war so, Papa ...",
erklärte ich und schob meine
Schwester Klara auf die Stelle, wo
ich vorher gestanden hatte. „Ich
stand hier, wo Klara jetzt steht,
und Klara stand hier, wo ich jetzt
stehe. Dann wollte sie die Angel

ins Wasser werfen und machte so ..."
Ich machte so, wie Klara es vorher gemacht hatte, und brauchte nicht mehr weiter zu erklären. Weil ich nämlich jetzt Klaras Mütze an der Angel hatte.
Die Mütze machte einen hohen Bogen durch die Luft und landete fast neben meiner Mütze im Wasser.
„Du blöder Heini! Was hast du denn gemacht?" schrie meine Schwester Klara wütend.
„Nichts!" sagte ich ziemlich verblüfft. „Ich wollte Papa nur zeigen, wie meine Mütze ins Wasser gefallen ist!"

Der Wind jagte unsere Mützen tief ins Meer. Und wir haben sie nie mehr wiedergesehen. So konnten wir an diesem Tag keinen einzigen Haifisch fangen, obwohl wir drei so schöne Regenwürmer als Köder hatten.

Du wirst sicher fragen, ob wir einen Hai gefangen haben. Mensch, mir laufen die Ameisen den Rücken herunter, wenn ich heute daran denke.
Das mit dem Hai war so:

Ich und Klara und der Hai

„Es ist höchste Zeit", sagte meine Schwester Klara, „daß wir unseren Haifisch fangen. Sonst sind die Ferien zu Ende, und wir haben immer noch keinen Hai gefangen."

„Stimmt!" nickte ich. „Es ist höchste Zeit."

„Gut, aber wie machen wir das?"

„Wir müßten Onkel Uwe fragen!"

Wir sind sofort zu Onkel Uwe gelaufen. „Onkel Uwe, kannst du uns sagen, wie man einen Hai fängt?"

„Wollt ihr einen fangen?"

„Jaaa!" riefen ich und meine Schwester Klara ganz laut.

„Dann muß ich es euch verraten", meinte Onkel Uwe und kratzte

7 4110-1

sich ausgiebig am Kopf.
„Sag es uns bitte!"
„Aber schnell! Wir platzen vor Ungeduld!"
„Na ja . . .", sagte Onkel Uwe.
„Erstens müßt ihr den richtigen Köder haben . . ."
„Und was ist der richtige Köder?"
„Ein Fischkopf, der blutet."

„Pfuiii!" riefen wir.
„Und ihr müßt auch die richtige Angel haben. Mit einem großen Haken. Und mit einer ganz dicken Schnur."
„Reicht Papas Angel nicht?"
„Papas Angel? Ho-ho-ho . . ."
Onkel Uwe lachte so, daß sein Bauch nach allen Seiten zitterte.
„Papas Angel reicht für Forellen, aber nicht für einen Hai. Ich werde euch zeigen, wie man einen Hai fängt. Wir müssen nur mit meinem Boot aufs Meer fahren."
„Traust du dich, mit ihm zusammen in sein Boot zu steigen?" fragte mich meine Schwester Klara, als Onkel Uwe weg war.

REGINA

„Ich nicht. Mit ihm geht jedes Boot unter."
Das stimmte sicher. Es war gefährlich. Wir beschlossen, auf keinen Fall mit Onkel Uwe zusammen in ein Boot zu steigen. Wie sollten wir aber unseren Haifisch fangen?
Klara meinte: „Wir versuchen es morgen wieder vom Steg aus. Mit einer anderen Angel mit Haihaken."
„Wir haben leider keine Regenwürmer mehr", sagte ich.
„Du hast doch gehört, wir brauchen einen Fischkopf."
„Und wo finden wir einen Fischkopf?"

Das war eine berechtigte Frage.
„Einen ganzen Fisch zu finden", sagte ich, „ist viel leichter. Aber nur einen Fischkopf ..."
Klara überlegte.
„In der Tiefkühltruhe", sagte sie plötzlich erleuchtet, „liegen eine Menge tiefgefrorene Fische. Wir nehmen von dort den Fisch mit dem größten Kopf."
So haben wir es auch gemacht.
Wir nahmen heimlich einen Fisch aus der Tiefkühltruhe und ließen ihn auftauen. Dann nahmen wir auch heimlich eine von Onkel Uwes Angeln, an der ein großer Haken hing.
„Jetzt", meinte Klara zufrieden,

„haben wir wirklich alles."
„Müssen wir morgen wieder sehr früh aufstehen?" wollte ich wissen.
„Nein, wir versuchen es heute noch."
„Heute noch?" Ich hüpfte schon vor Ungeduld. „Du hast aber doch gesagt, Klara, daß die Haifische tagsüber tief im Meer schwimmen und nur morgens ans Ufer kommen, um zu frühstücken!"
„Auch abends. Zum Abendessen."
„Das hast du aber vorher nicht gesagt!"
„Hab's vergessen!"
Wenn es so war, dann gab es weiter nichts mehr zu überlegen.
Ich nahm den aufgetauten Fisch,

vor dem ich mich ein bißchen ekelte.
Klara nahm die große Angel, und
wir liefen zu dem Steg.
Wir steckten den halben Fisch als
Köder auf den Haken und warfen die
Angel ins Wasser.
Jetzt mußten wir nur warten.
Klara sagte, wir dürften auch nicht
sprechen, um die Fische nicht zu

erschrecken. Das fiel uns beiden ziemlich schwer.
„Klara, und wenn wir nur flüstern?"
„Wenn wir nur flüstern, dann geht es."
„Darf ich auch die Angel halten?"
„Gut. Aber du mußt sie ganz fest halten."
Das habe ich auch getan. Ich hielt die Angel ganz, ganz fest, als ich plötzlich ein starkes Ziehen spürte. Etwas zog die Angel stark zum Meer hin.
„Klaraaa! Schnell, es zieht!"
„Ach, du liebes bißchen! Halt die Angel fest!"
„Hilf mir bitte!"

8 4110-1

Die dicke Schnur an unserer Angel zog wie verrückt nach links und nach rechts. Hin und her.

„Klaaaaraaa! Ich kann nicht mehr halten. Ich glaube, der Fisch ist größer als wir!"
„Papaa!" rief Klara. „Hilfeee! Onkel Uweee! Hilfeee!"
Pzzzzzz . . . machte die Schnur.
Pzzzzzz!
Wir zogen mit allen unseren Kräften zum Steg. Ich und meine Schwester Klara. Und der Fisch zog mit allen seinen Kräften zum Meer.
Pzzzzzz . . . Pzzzzzz!
„Klaraaa! Der ist stärker als wir! Was machen wir jetzt?"
Wir überlegten gerade, ob wir die Angel dem gefangenen Fisch überlassen und nach Hause laufen

sollten, als wir plötzlich ein „Peng" hörten.
Das war unsere Rettung: die Schnur war gerissen.
Es war plötzlich kein Ziehen mehr da, und wir konnten aufatmen.
Wir setzten uns beide auf den Steg, mit der Angel und der

gerissenen Schnur in der Hand.
Dann sagte meine Schwester Klara:
„Stell dir vor, er hätte uns ins Meer gezogen. Dann hätte er ein gutes Abendessen gehabt!"
An diesem Tag beschlossen wir beide, niemals wieder einen Haifisch zu fangen.

Das bin ich von hinten

Meine orangefarbene Mütze macht aus mir einen sportlichen Typ.

Wegen eines kleinen Zwischenfalles trage ich mein Pflaster hier auf der rechten Seite.

Siehst du, wie praktisch!
Auch hinten hat meine Latzhose noch zwei Taschen.